# Libro di bordo del progetto di cucito

## Informazioni

**NOME**

**INDIRIZZO**

**INDIRIZZO E-MAIL**

**SITO WEB**

**TELEFONO**　　　　　　　　　　FAX

**PERSONA DA CONTATTARE
IN CASO DI EMERGENZA**

**TELEFONO**　　　　　　　　　　FAX

Traccia di taglio per registrare i progetti di cucito
- regalo perfetto per gli appassionati di cucito

# Libro di bordo del progetto di cucito

**DETTAGLI**

PROGETTO .................................................................

CRCREATO PER .................................................................

DATA INIZIO ..................................... DATA COMPLETATA .........................

ARTICOLO ..................................... QQUANTIT .........................

PREZZO ................. DEPOSITO PAGATO ................. SALDO PAGATO .................

MODELLO UTILIZZATO .................................................................

MATERIALI DI CONSUMO NECESSARI .................................................................

**SCHEDA / FOTO**

**NOTE SUPPLEMENTARI**

.................................................................

.................................................................

.................................................................

.................................................................

.................................................................

.................................................................

.................................................................

Traccia di taglio per registrare i progetti di cucito
- regalo perfetto per gli appassionati di cucito

Traccia di taglio per registrare i progetti di cucito
- regalo perfetto per gli appassionati di cucito

## DETTAGLI

PROGETTO ....................................................................

CRCREATO PER ....................................................................

DATA INIZIO ........................... DATA COMPLETATA ...........................

ARTICOLO ........................... QQUANTIT ...........................

PREZZO ...........  DEPOSITO PAGATO ...........  SALDO PAGATO ...........

MODELLO UTILIZZATO ....................................................................

MATERIALI
DI CONSUMO NECESSARI ....................................................................

## SCHEDA / FOTO

## NOTE SUPPLEMENTARI

....................................................................
....................................................................
....................................................................
....................................................................
....................................................................
....................................................................
....................................................................
....................................................................

# Libro di bordo
# del progetto di cucito

# Libro di bordo del progetto di cucito

## DETTAGLI

PROGETTO ........................................................................

CRCREATO PER ...............................................................

DATA INIZIO .......................... DATA COMPLETATA ..........................

ARTICOLO .......................... QQUANTIT ..........................

PREZZO .......................... DEPOSITO PAGATO .......................... SALDO PAGATO ..........................

MODELLO UTILIZZATO ...............................................................

MATERIALI DI CONSUMO NECESSARI ...............................................................

## SCHEDA / FOTO

## NOTE SUPPLEMENTARI

...........................................................................................................
...........................................................................................................
...........................................................................................................
...........................................................................................................
...........................................................................................................
...........................................................................................................
...........................................................................................................

Traccia di taglio per registrare i progetti di cucito
- regalo perfetto per gli appassionati di cucito

Traccia di taglio per registrare i progetti di cucito
- regalo perfetto per gli appassionati di cucito

## DETTAGLI

PROGETTO ..............................................................................

CRCREATO PER ......................................................................

DATA INIZIO ............................... DATA COMPLETATA ..................

ARTICOLO ...................................... QQUANTIT ..................

PREZZO ................ DEPOSITO PAGATO ................ SALDO PAGATO ................

MODELLO UTILIZZATO ............................................................

MATERIALI
DI CONSUMO NECESSARI ........................................................

## SCHEDA / FOTO

## NOTE SUPPLEMENTARI

...................................................................................
...................................................................................
...................................................................................
...................................................................................
...................................................................................
...................................................................................
...................................................................................
...................................................................................

# Libro di bordo
# del progetto di cucito

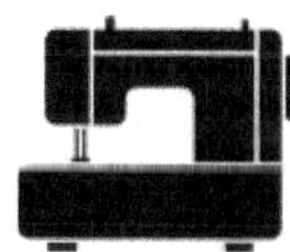

# Libro di bordo del progetto di cucito

## DETTAGLI

PROGETTO ...........................................................................................

CRCREATO PER ...................................................................................

DATA INIZIO ........................... DATA COMPLETATA ..........................

ARTICOLO ................................................ QQUANTIT ......................

PREZZO ................... DEPOSITO PAGATO ................... SALDO PAGATO ...................

MODELLO UTILIZZATO ......................................................................

MATERIALI DI CONSUMO NECESSARI ...................................................

## SCHEDA / FOTO

## NOTE SUPPLEMENTARI

.............................................................................................................

.............................................................................................................

.............................................................................................................

.............................................................................................................

.............................................................................................................

.............................................................................................................

.............................................................................................................

Traccia di taglio per registrare i progetti di cucito
- regalo perfetto per gli appassionati di cucito

Traccia di taglio per registrare i progetti di cucito
- regalo perfetto per gli appassionati di cucito

## DETTAGLI

**PROGETTO** ..................................................................

**CRCREATO PER** ..................................................................

**DATA INIZIO** ....................... **DATA COMPLETATA** .......................

**ARTICOLO** ........................................ **QQUANTIT** ...................

**PREZZO** ..................... **DEPOSITO PAGATO** ................... **SALDO PAGATO** ...................

**MODELLO UTILIZZATO** ..................................................

**MATERIALI DI CONSUMO NECESSARI** ..................................................

## SCHEDA / FOTO

## NOTE SUPPLEMENTARI

..................................................................
..................................................................
..................................................................
..................................................................
..................................................................
..................................................................
..................................................................

# Libro di bordo
# del progetto di cucito

# Libro di bordo del progetto di cucito

**PROGETTO** ................................................................................................

**CRCREATO PER** .........................................................................................

**DATA INIZIO** ..................................... **DATA COMPLETATA** .......................

**ARTICOLO** ................................... **QQUANTIT** ...........................

**PREZZO** ................ **DEPOSITO PAGATO** ................ **SALDO PAGATO** ................

**MODELLO UTILIZZATO** ...............................................................

**MATERIALI DI CONSUMO NECESSARI** ...............................................





................................................................................................
................................................................................................
................................................................................................
................................................................................................
................................................................................................
................................................................................................
................................................................................................
................................................................................................

Traccia di taglio per registrare i progetti di cucito
- regalo perfetto per gli appassionati di cucito

Traccia di taglio per registrare i progetti di cucito
- regalo perfetto per gli appassionati di cucito

## DETTAGLI

PROGETTO ..........................................................................

CRCREATO PER ..................................................................

DATA INIZIO ........................... DATA COMPLETATA ...........................

ARTICOLO ....................................... QQUANTIT ...................

PREZZO ..................... **DEPOSITO PAGATO** ................... **SALDO PAGATO** ...................

MODELLO UTILIZZATO ...........................................

MATERIALI
DI CONSUMO NECESSARI ...........................................

## SCHEDA / FOTO

## NOTE SUPPLEMENTARI

..........................................................................
..........................................................................
..........................................................................
..........................................................................
..........................................................................
..........................................................................
..........................................................................
..........................................................................

# Libro di bordo
# del progetto di cucito 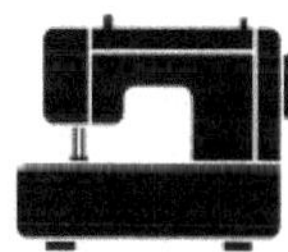

# Libro di bordo del progetto di cucito

## DETTAGLI

PROGETTO .......................................................................

CRCREATO PER .............................................................

DATA INIZIO ........................... DATA COMPLETATA ...........................

ARTICOLO ................................... QQUANTIT ...................

PREZZO ................ DEPOSITO PAGATO ............... SALDO PAGATO ...............

MODELLO UTILIZZATO ....................................................

MATERIALI DI CONSUMO NECESSARI ..................................

## SCHEDA / FOTO

## NOTE SUPPLEMENTARI

..........................................................................
..........................................................................
..........................................................................
..........................................................................
..........................................................................
..........................................................................
..........................................................................

Traccia di taglio per registrare i progetti di cucito
- regalo perfetto per gli appassionati di cucito

Traccia di taglio per registrare i progetti di cucito
- regalo perfetto per gli appassionati di cucito

## DETTAGLI

**PROGETTO** ...............................................................................................

**CRCREATO PER** .......................................................................................

**DATA INIZIO** ....................................  **DATA COMPLETATA** .....................

**ARTICOLO** ...................................................  **QQUANTIT** ......................

**PREZZO** ........................  **DEPOSITO PAGATO** ...............  **SALDO PAGATO** ..............

**MODELLO UTILIZZATO** ..........................................................................

**MATERIALI DI CONSUMO NECESSARI** ...................................................

## SCHEDA / FOTO

## NOTE SUPPLEMENTARI

...............................................................................................
...............................................................................................
...............................................................................................
...............................................................................................
...............................................................................................
...............................................................................................
...............................................................................................
...............................................................................................

# Libro di bordo
# del progetto di cucito

# Libro di bordo del progetto di cucito

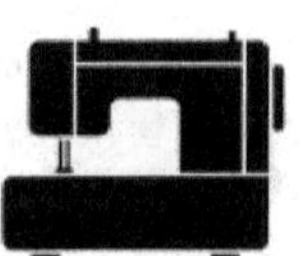

## DETTAGLI

PROGETTO ...........................................................................

CRCREATO PER ....................................................................

DATA INIZIO ......................... DATA COMPLETATA ........................

ARTICOLO ........................................ QQUANTIT ....................

PREZZO ..................... DEPOSITO PAGATO ................. SALDO PAGATO ................

MODELLO UTILIZZATO ............................................................

MATERIALI DI CONSUMO NECESSARI ...............................................

## SCHEDA / FOTO

## NOTE SUPPLEMENTARI

..............................................................................
..............................................................................
..............................................................................
..............................................................................
..............................................................................
..............................................................................

Traccia di taglio per registrare i progetti di cucito
- regalo perfetto per gli appassionati di cucito

## DETTAGLI

**PROGETTO** ...............................................................................

**CRCREATO PER** ...........................................................................

**DATA INIZIO** ....................................... **DATA COMPLETATA** ........................

**ARTICOLO** .......................................................... **QQUANTIT** .....................

**PREZZO** .......................... **DEPOSITO PAGATO** ..................... **SALDO PAGATO** ...............

**MODELLO UTILIZZATO** ....................................................

**MATERIALI DI CONSUMO NECESSARI** .........................................

## SCHEDA / FOTO

## NOTE SUPPLEMENTARI

..............................................................................................
..............................................................................................
..............................................................................................
..............................................................................................
..............................................................................................
..............................................................................................
..............................................................................................
..............................................................................................

# Libro di bordo
# del progetto di cucito

# Libro di bordo del progetto di cucito

## DETTAGLI

PROGETTO ....................................................................

CRCREATO PER ....................................................................

DATA INIZIO ........................... DATA COMPLETATA ...........................

ARTICOLO ........................... QQUANTIT ...........................

PREZZO ...........  DEPOSITO PAGATO ...........  SALDO PAGATO ...........

MODELLO UTILIZZATO ....................................................................

MATERIALI DI CONSUMO NECESSARI ....................................................................

## SCHEDA / FOTO

## NOTE SUPPLEMENTARI

....................................................................
....................................................................
....................................................................
....................................................................
....................................................................
....................................................................
....................................................................
....................................................................

Traccia di taglio per registrare i progetti di cucito
- regalo perfetto per gli appassionati di cucito

## DETTAGLI

PROGETTO .................................................................

CRCREATO PER .................................................................

DATA INIZIO ........................... DATA COMPLETATA ...........................

ARTICOLO ........................................... QQUANTIT ...................

PREZZO ........................... DEPOSITO PAGATO ........................... SALDO PAGATO ...................

MODELLO UTILIZZATO .................................................

MATERIALI
DI CONSUMO NECESSARI .................................................

## SCHEDA / FOTO

## NOTE SUPPLEMENTARI

.................................................................................
.................................................................................
.................................................................................
.................................................................................
.................................................................................
.................................................................................
.................................................................................
.................................................................................

# Libro di bordo
# del progetto di cucito

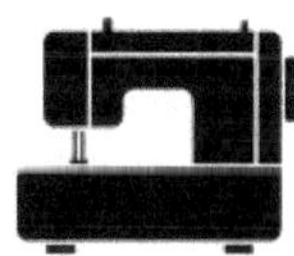

# Libro di bordo del progetto di cucito

## DETTAGLI

PROGETTO ......................................................................................................

CRCREATO PER ..............................................................................................

DATA INIZIO .............................................  DATA COMPLETATA ...........................

ARTICOLO .........................................................  QQUANTIT ...........................

PREZZO ......................  DEPOSITO PAGATO ......................  SALDO PAGATO ......................

MODELLO UTILIZZATO ......................................................................................

MATERIALI DI CONSUMO NECESSARI ......................................................................

## SCHEDA / FOTO

## NOTE SUPPLEMENTARI

....................................................................................................
....................................................................................................
....................................................................................................
....................................................................................................
....................................................................................................
....................................................................................................
....................................................................................................

Traccia di taglio per registrare i progetti di cucito
- regalo perfetto per gli appassionati di cucito

Traccia di taglio per registrare i progetti di cucito
- regalo perfetto per gli appassionati di cucito

## DETTAGLI

PROGETTO ...........................................................................................

CRCREATO PER ...................................................................................

DATA INIZIO ............................... DATA COMPLETATA .......................

ARTICOLO ................................................... QQUANTIT ......................

PREZZO ........................ DEPOSITO PAGATO ................. SALDO PAGATO .................

MODELLO UTILIZZATO .......................................................................

MATERIALI
DI CONSUMO NECESSARI .................................................................

## SCHEDA / FOTO

## NOTE SUPPLEMENTARI

.................................................................................................

.................................................................................................

.................................................................................................

.................................................................................................

.................................................................................................

.................................................................................................

.................................................................................................

# Libro di bordo
# del progetto di cucito

# Libro di bordo del progetto di cucito

PROGETTO .................................................................

CRCREATO PER .................................................................

DATA INIZIO ........................... DATA COMPLETATA ...........................

ARTICOLO ................................... QQUANTIT ...................

PREZZO ................... DEPOSITO PAGATO ................... SALDO PAGATO ...................

MODELLO UTILIZZATO .................................................................

MATERIALI DI CONSUMO NECESSARI .................................................................





Traccia di taglio per registrare i progetti di cucito
- regalo perfetto per gli appassionati di cucito

Traccia di taglio per registrare i progetti di cucito
- regalo perfetto per gli appassionati di cucito

## DETTAGLI

**PROGETTO** ..............................................................

**CRCREATO PER** ..............................................................

**DATA INIZIO** ....................... **DATA COMPLETATA** .......................

**ARTICOLO** ....................... **QQUANTIT** .......................

**PREZZO** ....................... **DEPOSITO PAGATO** ....................... **SALDO PAGATO** .......................

**MODELLO UTILIZZATO** ..............................................................

**MATERIALI DI CONSUMO NECESSARI** ..............................................................

## SCHEDA / FOTO

## NOTE SUPPLEMENTARI

..............................................................
..............................................................
..............................................................
..............................................................
..............................................................
..............................................................
..............................................................
..............................................................

# Libro di bordo
# del progetto di cucito

# Libro di bordo del progetto di cucito

## DETTAGLI

PROGETTO ..........................................................................................

CRCREATO PER ..................................................................................

DATA INIZIO ........................................ DATA COMPLETATA ........................................

ARTICOLO ........................................ QQUANTIT ........................................

PREZZO ........................ DEPOSITO PAGATO ........................ SALDO PAGATO ........................

MODELLO UTILIZZATO ........................................................................

MATERIALI DI CONSUMO NECESSARI ........................................................................

## SCHEDA / FOTO

## NOTE SUPPLEMENTARI

..........................................................................................
..........................................................................................
..........................................................................................
..........................................................................................
..........................................................................................
..........................................................................................
..........................................................................................

Traccia di taglio per registrare i progetti di cucito - regalo perfetto per gli appassionati di cucito

Traccia di taglio per registrare i progetti di cucito
- regalo perfetto per gli appassionati di cucito

## DETTAGLI

PROGETTO .................................................................................

CRCREATO PER .........................................................................

DATA INIZIO ..................................... DATA COMPLETATA ...................

ARTICOLO ..................................................... QQUANTIT ................

PREZZO ........................ DEPOSITO PAGATO ..................... SALDO PAGATO ................

MODELLO UTILIZZATO ..............................................................

MATERIALI
DI CONSUMO NECESSARI ........................................................

## SCHEDA / FOTO

## NOTE SUPPLEMENTARI

...............................................................................................
...............................................................................................
...............................................................................................
...............................................................................................
...............................................................................................
...............................................................................................
...............................................................................................
...............................................................................................

# Libro di bordo
# del progetto di cucito

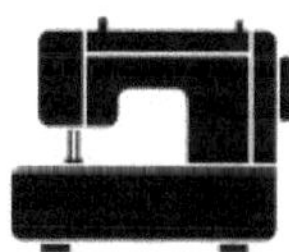

# Libro di bordo del progetto di cucito

## DETTAGLI

PROGETTO ....................................................................

CRCREATO PER ....................................................................

DATA INIZIO ..................................... DATA COMPLETATA .....................................

ARTICOLO ..................................... QQUANTIT .....................................

PREZZO ..................... DEPOSITO PAGATO ..................... SALDO PAGATO .....................

MODELLO UTILIZZATO ....................................................................

MATERIALI DI CONSUMO NECESSARI ....................................................................

## SCHEDA / FOTO

## NOTE SUPPLEMENTARI

Traccia di taglio per registrare i progetti di cucito
- regalo perfetto per gli appassionati di cucito

Traccia di taglio per registrare i progetti di cucito
- regalo perfetto per gli appassionati di cucito

## DETTAGLI

PROGETTO ............................................................

CRCREATO PER ............................................................

DATA INIZIO ....................... DATA COMPLETATA ...................

ARTICOLO ....................... QQUANTIT ...................

PREZZO ................... **DEPOSITO PAGATO** ................... **SALDO PAGATO** ...................

MODELLO UTILIZZATO ...........................................

MATERIALI
DI CONSUMO NECESSARI ...........................................

## SCHEDA / FOTO

## NOTE SUPPLEMENTARI

............................................................
............................................................
............................................................
............................................................
............................................................
............................................................
............................................................
............................................................

# Libro di bordo
# del progetto di cucito

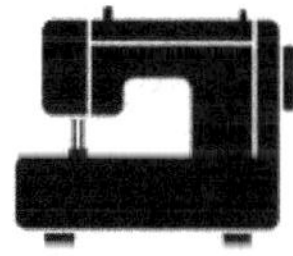

# Libro di bordo del progetto di cucito

## DETTAGLI

PROGETTO ...........................................................................

CRCREATO PER ...................................................................

DATA INIZIO ...................... DATA COMPLETATA ...................

ARTICOLO ................................. QQUANTIT .....................

PREZZO ............. DEPOSITO PAGATO ............. SALDO PAGATO .............

MODELLO UTILIZZATO ..........................................................

MATERIALI DI CONSUMO NECESSARI ..........................................

## SCHEDA / FOTO

## NOTE SUPPLEMENTARI

..........................................................................................
..........................................................................................
..........................................................................................
..........................................................................................
..........................................................................................
..........................................................................................
..........................................................................................
..........................................................................................

Traccia di taglio per registrare i progetti di cucito
- regalo perfetto per gli appassionati di cucito

Traccia di taglio per registrare i progetti di cucito
- regalo perfetto per gli appassionati di cucito

## DETTAGLI

PROGETTO .........................................................................

CRCREATO PER .................................................................

DATA INIZIO ........................... DATA COMPLETATA ...................

ARTICOLO ................................. QQUANTIT ...................

PREZZO ......................... DEPOSITO PAGATO ................. SALDO PAGATO .................

MODELLO UTILIZZATO .................................................

MATERIALI
DI CONSUMO NECESSARI ...........................................

## SCHEDA / FOTO

## NOTE SUPPLEMENTARI

..............................................................................
..............................................................................
..............................................................................
..............................................................................
..............................................................................
..............................................................................
..............................................................................
..............................................................................

# Libro di bordo
# del progetto di cucito

# Libro di bordo del progetto di cucito

## DETTAGLI

**PROGETTO** ..........................................................................

**CRCREATO PER** ..................................................................

**DATA INIZIO** ......................... **DATA COMPLETATA** ...................

**ARTICOLO** ............................................ **QQUANTIT** .................

**PREZZO** ................... **DEPOSITO PAGATO** ................ **SALDO PAGATO** ................

**MODELLO UTILIZZATO** ..................................................

**MATERIALI DI CONSUMO NECESSARI** ...............................................

## SCHEDA / FOTO

## NOTE SUPPLEMENTARI

..........................................................................
..........................................................................
..........................................................................
..........................................................................
..........................................................................
..........................................................................
..........................................................................
..........................................................................

Traccia di taglio per registrare i progetti di cucito
- regalo perfetto per gli appassionati di cucito

Traccia di taglio per registrare i progetti di cucito
- regalo perfetto per gli appassionati di cucito

## DETTAGLI

**PROGETTO** ....................................................................

**CRCREATO PER** ....................................................................

**DATA INIZIO** ............................ **DATA COMPLETATA** ........................

**ARTICOLO** ........................................... **QQUANTIT** ...................

**PREZZO** ...................... **DEPOSITO PAGATO** ................ **SALDO PAGATO** ............

**MODELLO UTILIZZATO** ....................................................

**MATERIALI DI CONSUMO NECESSARI** ......................................

## SCHEDA / FOTO

## NOTE SUPPLEMENTARI

....................................................................
....................................................................
....................................................................
....................................................................
....................................................................
....................................................................
....................................................................
....................................................................

# Libro di bordo
# del progetto di cucito

# Libro di bordo del progetto di cucito

PROGETTO ......................................................................

CRCREATO PER ................................................................

DATA INIZIO ...................... DATA COMPLETATA ......................

ARTICOLO ........................................ QQUANTIT ................

PREZZO ................ DEPOSITO PAGATO ................ SALDO PAGATO ................

MODELLO UTILIZZATO .......................................................

MATERIALI DI CONSUMO NECESSARI .........................................





................................................................................
................................................................................
................................................................................
................................................................................
................................................................................
................................................................................
................................................................................

Traccia di taglio per registrare i progetti di cucito
- regalo perfetto per gli appassionati di cucito

Traccia di taglio per registrare i progetti di cucito
- regalo perfetto per gli appassionati di cucito

## DETTAGLI

**PROGETTO** .............................................................................

**CRCREATO PER** ......................................................................

**DATA INIZIO** ...................................... **DATA COMPLETATA** ...........................

**ARTICOLO** ................................................. **QQUANTIT** ......................

**PREZZO** ...................... **DEPOSITO PAGATO** ...................... **SALDO PAGATO** ..............

**MODELLO UTILIZZATO** ...............................................................

**MATERIALI DI CONSUMO NECESSARI** ....................................................

## SCHEDA / FOTO

## NOTE SUPPLEMENTARI

.............................................................................
.............................................................................
.............................................................................
.............................................................................
.............................................................................
.............................................................................
.............................................................................

# Libro di bordo
# del progetto di cucito

# Libro di bordo del progetto di cucito

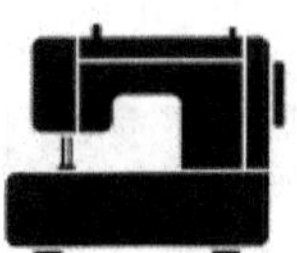

## DETTAGLI

PROGETTO ......................................................................

CRCREATO PER ......................................................................

DATA INIZIO ........................... DATA COMPLETATA ...........................

ARTICOLO ........................... QQUANTIT ...........................

PREZZO ................... DEPOSITO PAGATO ................... SALDO PAGATO ...................

MODELLO UTILIZZATO ...................................................

MATERIALI DI CONSUMO NECESSARI ...................................................

## SCHEDA / FOTO

## NOTE SUPPLEMENTARI

..................................................................................
..................................................................................
..................................................................................
..................................................................................
..................................................................................
..................................................................................
..................................................................................
..................................................................................

Traccia di taglio per registrare i progetti di cucito
- regalo perfetto per gli appassionati di cucito

Traccia di taglio per registrare i progetti di cucito
- regalo perfetto per gli appassionati di cucito

## DETTAGLI

PROGETTO ........................................................................

CRCREATO PER ...................................................................

DATA INIZIO ........................... DATA COMPLETATA ...................

ARTICOLO ................................................ QQUANTIT ...............

PREZZO ..................... DEPOSITO PAGATO ................ SALDO PAGATO ...............

MODELLO UTILIZZATO ......................................

MATERIALI
DI CONSUMO NECESSARI ............................................

## SCHEDA / FOTO

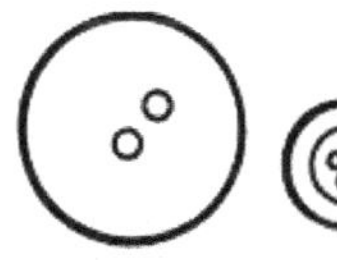

## NOTE SUPPLEMENTARI

...........................................................................
...........................................................................
...........................................................................
...........................................................................
...........................................................................
...........................................................................
...........................................................................
...........................................................................

# Libro di bordo
# del progetto di cucito

# Libro di bordo del progetto di cucito

## DETTAGLI

**PROGETTO** ....................................................................................

**CRCREATO PER** ..............................................................................

**DATA INIZIO** ........................... **DATA COMPLETATA** ..........................

**ARTICOLO** ........................................... **QQUANTIT** .......................

**PREZZO** ..................... **DEPOSITO PAGATO** ................ **SALDO PAGATO** ...................

**MODELLO UTILIZZATO** ....................................................................

**MATERIALI DI CONSUMO NECESSARI** ................................................

## SCHEDA / FOTO

## NOTE SUPPLEMENTARI

..............................................................................................
..............................................................................................
..............................................................................................
..............................................................................................
..............................................................................................
..............................................................................................
..............................................................................................

Traccia di taglio per registrare i progetti di cucito
- regalo perfetto per gli appassionati di cucito

## DETTAGLI

**PROGETTO** ....................................................................

**CRCREATO PER** .............................................................

**DATA INIZIO** ...................... **DATA COMPLETATA** ......................

**ARTICOLO** ............................................... **QQUANTIT** ................

**PREZZO** .................... **DEPOSITO PAGATO** ................ **SALDO PAGATO** ................

**MODELLO UTILIZZATO** ................................................

**MATERIALI DI CONSUMO NECESSARI** ................................

## SCHEDA / FOTO

## NOTE SUPPLEMENTARI

.........................................................................................
.........................................................................................
.........................................................................................
.........................................................................................
.........................................................................................
.........................................................................................
.........................................................................................
.........................................................................................

# Libro di bordo
# del progetto di cucito

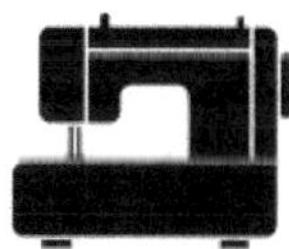

# Libro di bordo del progetto di cucito

## DETTAGLI

PROGETTO .................................................................................

CRCREATO PER .......................................................................

DATA INIZIO ........................ DATA COMPLETATA ........................

ARTICOLO ....................................... QQUANTIT ........................

PREZZO ................ DEPOSITO PAGATO ................ SALDO PAGATO ................

MODELLO UTILIZZATO ...........................................................

MATERIALI DI CONSUMO NECESSARI ......................................

## SCHEDA / FOTO

## NOTE SUPPLEMENTARI

..................................................................................................
..................................................................................................
..................................................................................................
..................................................................................................
..................................................................................................
..................................................................................................

Traccia di taglio per registrare i progetti di cucito
- regalo perfetto per gli appassionati di cucito

Traccia di taglio per registrare i progetti di cucito
- regalo perfetto per gli appassionati di cucito

## DETTAGLI

PROGETTO .............................................................

CRCREATO PER .............................................................

DATA INIZIO ........................... DATA COMPLETATA ...................

ARTICOLO ................................... QQUANTIT ...................

PREZZO ................... DEPOSITO PAGATO ............... SALDO PAGATO ...............

MODELLO UTILIZZATO ...............................................

MATERIALI
DI CONSUMO NECESSARI ...........................................

## SCHEDA / FOTO

## NOTE SUPPLEMENTARI

.............................................................
.............................................................
.............................................................
.............................................................
.............................................................
.............................................................
.............................................................
.............................................................

# Libro di bordo
# del progetto di cucito

# Libro di bordo del progetto di cucito

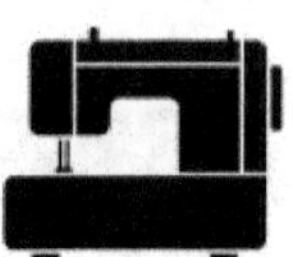

## DETTAGLI

PROGETTO ......................................................................................

CRCREATO PER ..............................................................................

DATA INIZIO ........................... DATA COMPLETATA ...........................

ARTICOLO ........................................ QQUANTIT ...........................

PREZZO ...................... DEPOSITO PAGATO ................. SALDO PAGATO ...................

MODELLO UTILIZZATO ....................................................................

MATERIALI
DI CONSUMO NECESSARI .................................................................

## SCHEDA / FOTO

## NOTE SUPPLEMENTARI

Traccia di taglio per registrare i progetti di cucito
- regalo perfetto per gli appassionati di cucito

Traccia di taglio per registrare i progetti di cucito
- regalo perfetto per gli appassionati di cucito

## DETTAGLI

PROGETTO ............................................................

CRCREATO PER ............................................................

DATA INIZIO ........................... DATA COMPLETATA ...................

ARTICOLO ....................................... QQUANTIT ...............

PREZZO ....................... DEPOSITO PAGATO ................ SALDO PAGATO ...............

MODELLO UTILIZZATO ...........................................

MATERIALI
DI CONSUMO NECESSARI ........................................

## SCHEDA / FOTO

## NOTE SUPPLEMENTARI

........................................................................
........................................................................
........................................................................
........................................................................
........................................................................
........................................................................
........................................................................
........................................................................

# Libro di bordo
# del progetto di cucito

# Libro di bordo
# del progetto di cucito

## DETTAGLI

**PROGETTO** ......................................................................................

**CRCREATO PER** ...............................................................................

**DATA INIZIO** ........................... **DATA COMPLETATA** ...........................

**ARTICOLO** ................................................ **QQUANTIT** ..................

**PREZZO** ..................... **DEPOSITO PAGATO** ................ **SALDO PAGATO** ................

**MODELLO UTILIZZATO** ......................................................................

**MATERIALI DI CONSUMO NECESSARI** ......................................................

## SCHEDA / FOTO

## NOTE SUPPLEMENTARI

.........................................................................................
.........................................................................................
.........................................................................................
.........................................................................................
.........................................................................................
.........................................................................................
.........................................................................................

Traccia di taglio per registrare i progetti di cucito
- regalo perfetto per gli appassionati di cucito

## DETTAGLI

PROGETTO .........................................................................

CRCREATO PER ...................................................................

DATA INIZIO ....................... DATA COMPLETATA ...................

ARTICOLO ............................................ QQUANTIT ..............

PREZZO ................. **DEPOSITO PAGATO** ................ **SALDO PAGATO** ..............

MODELLO UTILIZZATO ........................................................

MATERIALI
DI CONSUMO NECESSARI ....................................................

## SCHEDA / FOTO

## NOTE SUPPLEMENTARI

.........................................................................
.........................................................................
.........................................................................
.........................................................................
.........................................................................
.........................................................................
.........................................................................
.........................................................................

# Libro di bordo
# del progetto di cucito 

# Libro di bordo del progetto di cucito

**DETTAGLI**

PROGETTO ....................................................................................

CRCREATO PER ....................................................................................

DATA INIZIO ............................... DATA COMPLETATA ...............................

ARTICOLO ............................... QQUANTIT ...............................

PREZZO ............... DEPOSITO PAGATO ............... SALDO PAGATO ...............

MODELLO UTILIZZATO ...............................................................

MATERIALI DI CONSUMO NECESSARI ...............................................................

**SCHEDA / FOTO**

**NOTE SUPPLEMENTARI**

......................................................................................
......................................................................................
......................................................................................
......................................................................................
......................................................................................
......................................................................................
......................................................................................

Traccia di taglio per registrare i progetti di cucito
- regalo perfetto per gli appassionati di cucito

Traccia di taglio per registrare i progetti di cucito
- regalo perfetto per gli appassionati di cucito

## DETTAGLI

PROGETTO ................................................................

CRCREATO PER ................................................................

DATA INIZIO ........................................ DATA COMPLETATA ........................................

ARTICOLO ........................................ QQUANTIT ........................

PREZZO ........................ DEPOSITO PAGATO ........................ SALDO PAGATO ........................

MODELLO UTILIZZATO ................................................................

MATERIALI
DI CONSUMO NECESSARI ................................................................

## SCHEDA / FOTO

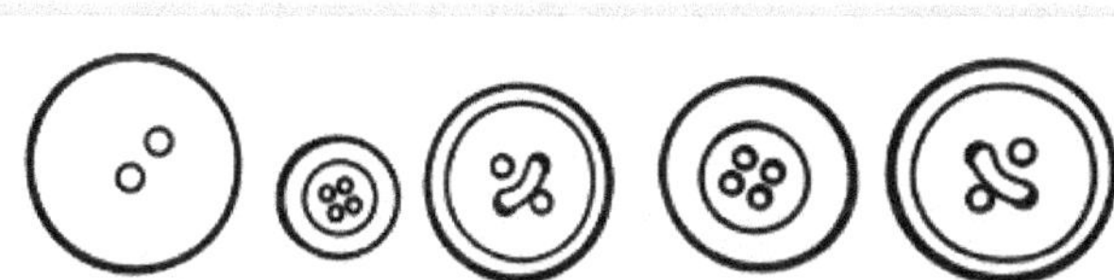

## NOTE SUPPLEMENTARI

................................................................
................................................................
................................................................
................................................................
................................................................
................................................................
................................................................
................................................................

# Libro di bordo
# del progetto di cucito

# Libro di bordo del progetto di cucito

## DETTAGLI

PROGETTO .......................................................................................................

CRCREATO PER ..............................................................................................

DATA INIZIO ............................................ DATA COMPLETATA ...........................

ARTICOLO ...................................................... QQUANTIT ...............................

PREZZO ........................... DEPOSITO PAGATO ...................... SALDO PAGATO ...................

MODELLO UTILIZZATO .................................................................................

MATERIALI DI CONSUMO NECESSARI ...........................................................

## SCHEDA / FOTO

## NOTE SUPPLEMENTARI

.......................................................................................................
.......................................................................................................
.......................................................................................................
.......................................................................................................
.......................................................................................................
.......................................................................................................
.......................................................................................................

Traccia di taglio per registrare i progetti di cucito
- regalo perfetto per gli appassionati di cucito

# Traccia di taglio per registrare i progetti di cucito
## - regalo perfetto per gli appassionati di cucito

## DETTAGLI

PROGETTO ....................................................................

CRCREATO PER ....................................................................

DATA INIZIO ........................................ DATA COMPLETATA ........................

ARTICOLO ........................................ QQUANTIT ........................

PREZZO ........................ DEPOSITO PAGATO ........................ SALDO PAGATO ........................

MODELLO UTILIZZATO ....................................................................

MATERIALI
DI CONSUMO NECESSARI ....................................................................

## SCHEDA / FOTO

## NOTE SUPPLEMENTARI

....................................................................
....................................................................
....................................................................
....................................................................
....................................................................
....................................................................
....................................................................
....................................................................

# Libro di bordo
# del progetto di cucito

# Libro di bordo del progetto di cucito

**PROGETTO** ..............................................................................

**CRCREATO PER** .......................................................................

**DATA INIZIO** .............................. **DATA COMPLETATA** ..............

**ARTICOLO** .................................. **QQUANTIT** ..............

**PREZZO** .............. **DEPOSITO PAGATO** .............. **SALDO PAGATO** ..............

**MODELLO UTILIZZATO** ..........................................................

**MATERIALI DI CONSUMO NECESSARI** ....................................





Traccia di taglio per registrare i progetti di cucito
- regalo perfetto per gli appassionati di cucito

## DETTAGLI

**PROGETTO** ...........................................................................................

**CRCREATO PER** ...................................................................................

**DATA INIZIO** ............................... **DATA COMPLETATA** ........................

**ARTICOLO** ...................................................... **QQUANTIT** ....................

**PREZZO** ........................ **DEPOSITO PAGATO** ...................... **SALDO PAGATO** ..................

**MODELLO UTILIZZATO** ........................................................................

**MATERIALI DI CONSUMO NECESSARI** ..................................................

## SCHEDA / FOTO

## NOTE SUPPLEMENTARI

..............................................................................................................
..............................................................................................................
..............................................................................................................
..............................................................................................................
..............................................................................................................
..............................................................................................................
..............................................................................................................
..............................................................................................................

# Libro di bordo
# del progetto di cucito

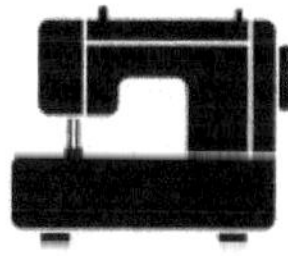

# Libro di bordo del progetto di cucito

DETTAGLI

**PROGETTO** ......................................................................

**CRCREATO PER** ................................................................

**DATA INIZIO** ................................ **DATA COMPLETATA** ................................

**ARTICOLO** ................................ **QQUANTIT** ................................

**PREZZO** ................ **DEPOSITO PAGATO** ................ **SALDO PAGATO** ................

**MODELLO UTILIZZATO** ................................................

**MATERIALI DI CONSUMO NECESSARI** ................................................

SCHEDA / FOTO

NOTE SUPPLEMENTARI

......................................................................
......................................................................
......................................................................
......................................................................
......................................................................
......................................................................
......................................................................

Traccia di taglio per registrare i progetti di cucito
- regalo perfetto per gli appassionati di cucito

## DETTAGLI

**PROGETTO** ......................................................................

**CRCREATO PER** ...............................................................

**DATA INIZIO** .................................. **DATA COMPLETATA** .................

**ARTICOLO** ....................................................... **QQUANTIT** ...............

**PREZZO** ...................... **DEPOSITO PAGATO** .................. **SALDO PAGATO** ...............

**MODELLO UTILIZZATO** ...............................................

**MATERIALI DI CONSUMO NECESSARI** ....................................................

## SCHEDA / FOTO

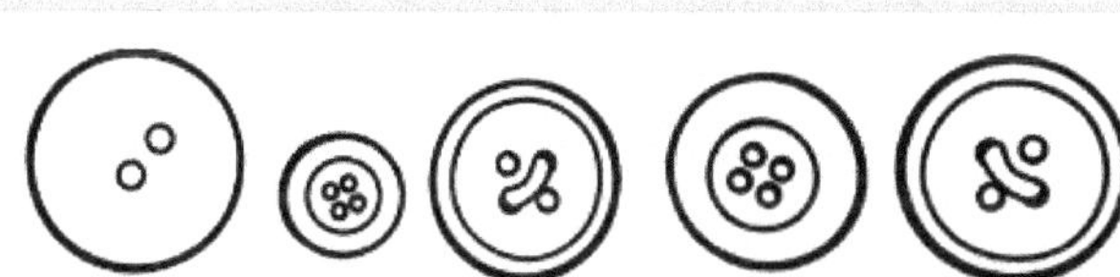

## NOTE SUPPLEMENTARI

..................................................................................
..................................................................................
..................................................................................
..................................................................................
..................................................................................
..................................................................................
..................................................................................
..................................................................................

# Libro di bordo
# del progetto di cucito

# Libro di bordo del progetto di cucito

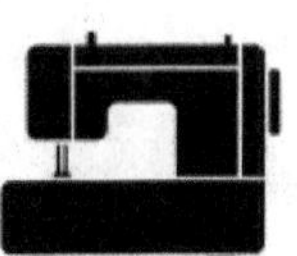

## DETTAGLI

PROGETTO .........................................................................................

CRCREATO PER .............................................................................

DATA INIZIO ........................... DATA COMPLETATA ...........................

ARTICOLO ................................................ QQUANTIT ...................

PREZZO ........................ DEPOSITO PAGATO ................. SALDO PAGATO ...................

MODELLO UTILIZZATO .................................................................

MATERIALI DI CONSUMO NECESSARI .........................................................

## SCHEDA / FOTO

## NOTE SUPPLEMENTARI

..................................................................................................
..................................................................................................
..................................................................................................
..................................................................................................
..................................................................................................
..................................................................................................
..................................................................................................
..................................................................................................

Traccia di taglio per registrare i progetti di cucito
- regalo perfetto per gli appassionati di cucito

Traccia di taglio per registrare i progetti di cucito
- regalo perfetto per gli appassionati di cucito

## DETTAGLI

PROGETTO ....................................................................

CRCREATO PER ..............................................................

DATA INIZIO ........................... DATA COMPLETATA ....................

ARTICOLO ................................... QQUANTIT ....................

PREZZO ..................... DEPOSITO PAGATO ................... SALDO PAGATO ...............

MODELLO UTILIZZATO ....................................................

MATERIALI
DI CONSUMO NECESSARI ................................................

## SCHEDA / FOTO

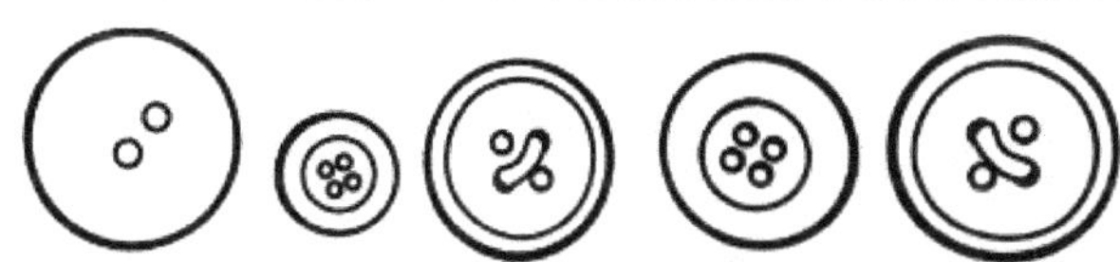

## NOTE SUPPLEMENTARI

....................................................................
....................................................................
....................................................................
....................................................................
....................................................................
....................................................................
....................................................................

# Libro di bordo
# del progetto di cucito

# Libro di bordo
# del progetto di cucito

## DETTAGLI

**PROGETTO** ........................................................

**CRCREATO PER** ........................................................

**DATA INIZIO** .......................... **DATA COMPLETATA** ..........................

**ARTICOLO** .......................... **QQUANTIT** ..........................

**PREZZO** .................. **DEPOSITO PAGATO** .................. **SALDO PAGATO** ..................

**MODELLO UTILIZZATO** ........................................................

**MATERIALI DI CONSUMO NECESSARI** ........................................................

## SCHEDA / FOTO

## NOTE SUPPLEMENTARI

Traccia di taglio per registrare i progetti di cucito
- regalo perfetto per gli appassionati di cucito

Traccia di taglio per registrare i progetti di cucito
- regalo perfetto per gli appassionati di cucito

## DETTAGLI

PROGETTO .................................................

CRCREATO PER .................................................

DATA INIZIO ........................... DATA COMPLETATA ...........................

ARTICOLO ........................................... QQUANTIT ...................

PREZZO ................... DEPOSITO PAGATO .................. SALDO PAGATO ...............

MODELLO UTILIZZATO ...........................................

MATERIALI
DI CONSUMO NECESSARI ...........................................

## SCHEDA / FOTO

## NOTE SUPPLEMENTARI

.................................................
.................................................
.................................................
.................................................
.................................................
.................................................
.................................................
.................................................

# Libro di bordo
# del progetto di cucito

# Libro di bordo
# del progetto di cucito

PROGETTO ........................................................................................

CRCREATO PER ....................................................................................

DATA INIZIO ........................ DATA COMPLETATA ........................

ARTICOLO ........................................ QQUANTIT ........................

PREZZO ................ DEPOSITO PAGATO ................ SALDO PAGATO ................

MODELLO UTILIZZATO ..........................................................

MATERIALI
DI CONSUMO NECESSARI ..........................................................





....................................................................................
....................................................................................
....................................................................................
....................................................................................
....................................................................................
....................................................................................
....................................................................................

Traccia di taglio per registrare i progetti di cucito
- regalo perfetto per gli appassionati di cucito

## DETTAGLI

PROGETTO ...........................................................

CRCREATO PER ...................................................

DATA INIZIO ....................... DATA COMPLETATA .....................

ARTICOLO ................................. QQUANTIT .................

PREZZO ..................... DEPOSITO PAGATO ................. SALDO PAGATO .................

MODELLO UTILIZZATO ............................................

MATERIALI
DI CONSUMO NECESSARI .........................................

## SCHEDA / FOTO

## NOTE SUPPLEMENTARI

...........................................................
...........................................................
...........................................................
...........................................................
...........................................................
...........................................................
...........................................................

# Libro di bordo
# del progetto di cucito

# Libro di bordo del progetto di cucito

## DETTAGLI

PROGETTO .............................................................................

CRCREATO PER .........................................................................

DATA INIZIO ........................... DATA COMPLETATA ...........................

ARTICOLO .............................................. QQUANTIT ...................

PREZZO .......................... DEPOSITO PAGATO ................ SALDO PAGATO ...................

MODELLO UTILIZZATO ...................................................................

MATERIALI DI CONSUMO NECESSARI .......................................................

## SCHEDA / FOTO

## NOTE SUPPLEMENTARI

...........................................................................

...........................................................................

...........................................................................

...........................................................................

...........................................................................

...........................................................................

...........................................................................

Traccia di taglio per registrare i progetti di cucito
- regalo perfetto per gli appassionati di cucito

Traccia di taglio per registrare i progetti di cucito
- regalo perfetto per gli appassionati di cucito

## DETTAGLI

**PROGETTO** ..........................................................................

**CRCREATO PER** ..................................................................

**DATA INIZIO** ..................................... **DATA COMPLETATA** ....................

**ARTICOLO** ............................................. **QQUANTIT** ....................

**PREZZO** ....................... **DEPOSITO PAGATO** ................... **SALDO PAGATO** ...............

**MODELLO UTILIZZATO** ..........................................................

**MATERIALI DI CONSUMO NECESSARI** .......................................

## SCHEDA / FOTO

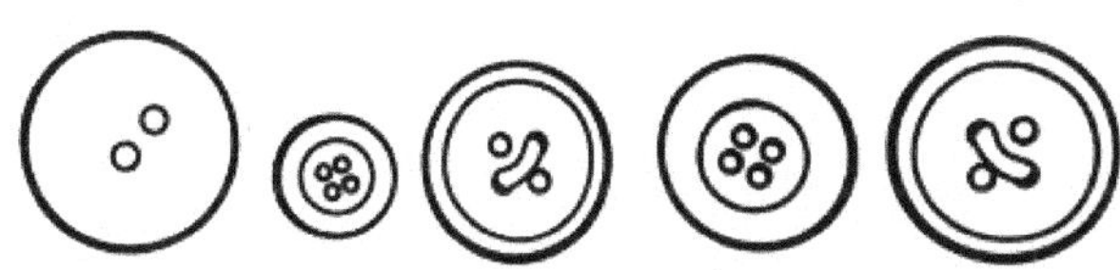

## NOTE SUPPLEMENTARI

..........................................................................
..........................................................................
..........................................................................
..........................................................................
..........................................................................
..........................................................................
..........................................................................
..........................................................................

# Libro di bordo
# del progetto di cucito

# Libro di bordo
# del progetto di cucito

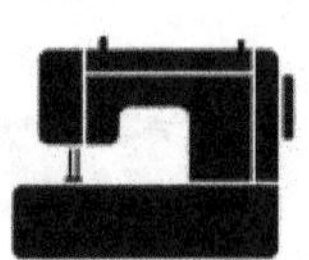

## DETTAGLI

**PROGETTO** ........................................................................................

**CRCREATO PER** ........................................................................................

**DATA INIZIO** ..............................  **DATA COMPLETATA** ..............................

**ARTICOLO** ..............................  **QQUANTIT** ..............................

**PREZZO** ..............  **DEPOSITO PAGATO** ..............  **SALDO PAGATO** ..............

**MODELLO UTILIZZATO** ..............................................................

**MATERIALI DI CONSUMO NECESSARI** ..............................................................

## SCHEDA / FOTO

## NOTE SUPPLEMENTARI

........................................................................................
........................................................................................
........................................................................................
........................................................................................
........................................................................................
........................................................................................
........................................................................................

Traccia di taglio per registrare i progetti di cucito
- regalo perfetto per gli appassionati di cucito

## DETTAGLI

**PROGETTO** ........................................................................

**CRCREATO PER** ...............................................................

**DATA INIZIO** .......................... **DATA COMPLETATA** ....................

**ARTICOLO** ...................................... **QQUANTIT** ..................

**PREZZO** .................... **DEPOSITO PAGATO** ................ **SALDO PAGATO** ............

**MODELLO UTILIZZATO** ...............................................

**MATERIALI DI CONSUMO NECESSARI** ...................................

## SCHEDA / FOTO

## NOTE SUPPLEMENTARI

..............................................................................
..............................................................................
..............................................................................
..............................................................................
..............................................................................
..............................................................................
..............................................................................
..............................................................................

# Libro di bordo
# del progetto di cucito

# Libro di bordo del progetto di cucito

**DETTAGLI**

PROGETTO ..............................................................................

CRCREATO PER ..........................................................................

DATA INIZIO .......................... DATA COMPLETATA ..........................

ARTICOLO ...................................... QQUANTIT ..........................

PREZZO .................... DEPOSITO PAGATO .................... SALDO PAGATO ....................

MODELLO UTILIZZATO ....................................................................

MATERIALI DI CONSUMO NECESSARI ........................................................

**SCHEDA / FOTO**

**NOTE SUPPLEMENTARI**

..............................................................................
..............................................................................
..............................................................................
..............................................................................
..............................................................................
..............................................................................
..............................................................................
..............................................................................

Traccia di taglio per registrare i progetti di cucito
- regalo perfetto per gli appassionati di cucito

Traccia di taglio per registrare i progetti di cucito
- regalo perfetto per gli appassionati di cucito

## DETTAGLI

PROGETTO .................................................................

CRCREATO PER .............................................................

DATA INIZIO .....................  DATA COMPLETATA .....................

ARTICOLO .....................  QQUANTIT .....................

PREZZO .....................  DEPOSITO PAGATO .....................  SALDO PAGATO .....................

MODELLO UTILIZZATO .............................................

MATERIALI
DI CONSUMO NECESSARI .............................................

## SCHEDA / FOTO

## NOTE SUPPLEMENTARI

.................................................................
.................................................................
.................................................................
.................................................................
.................................................................
.................................................................
.................................................................
.................................................................

# Libro di bordo
# del progetto di cucito

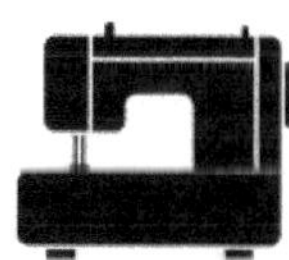

# Libro di bordo
# del progetto di cucito 

## DETTAGLI

PROGETTO .........................................................................................

CRCREATO PER ...................................................................................

DATA INIZIO ....................... DATA COMPLETATA ...........................

ARTICOLO ........................................ QQUANTIT ...........................

PREZZO ....................... DEPOSITO PAGATO ....................... SALDO PAGATO .......................

MODELLO UTILIZZATO ....................................................................

MATERIALI
DI CONSUMO NECESSARI ..............................................................

## SCHEDA / FOTO

## NOTE SUPPLEMENTARI

..........................................................................................
..........................................................................................
..........................................................................................
..........................................................................................
..........................................................................................
..........................................................................................
..........................................................................................

Traccia di taglio per registrare i progetti di cucito
- regalo perfetto per gli appassionati di cucito

## DETTAGLI

**PROGETTO** ................................................

**CRCREATO PER** ................................................

**DATA INIZIO** ........................ **DATA COMPLETATA** ....................

**ARTICOLO** ................................ **QQUANTIT** ..................

**PREZZO** .................... **DEPOSITO PAGATO** ................ **SALDO PAGATO** ..............

**MODELLO UTILIZZATO** ........................

**MATERIALI DI CONSUMO NECESSARI** ................................

## SCHEDA / FOTO

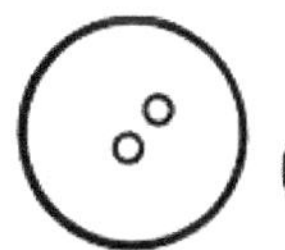

## NOTE SUPPLEMENTARI

................................................
................................................
................................................
................................................
................................................
................................................
................................................
................................................

# Libro di bordo
# del progetto di cucito 

# Libro di bordo
# del progetto di cucito

## DETTAGLI

PROGETTO .................................................................................

CRCREATO PER ..........................................................................

DATA INIZIO .......................... DATA COMPLETATA ........................

ARTICOLO .................................... QQUANTIT ........................

PREZZO ....................... DEPOSITO PAGATO ................... SALDO PAGATO ...................

MODELLO UTILIZZATO ................................................................

MATERIALI
DI CONSUMO NECESSARI ...........................................................

## SCHEDA / FOTO

## NOTE SUPPLEMENTARI

.................................................................................
.................................................................................
.................................................................................
.................................................................................
.................................................................................
.................................................................................
.................................................................................
.................................................................................

Traccia di taglio per registrare i progetti di cucito
- regalo perfetto per gli appassionati di cucito

## DETTAGLI

**PROGETTO** ...........................................................................

**CRCREATO PER** ...................................................................

**DATA INIZIO** ............................... **DATA COMPLETATA** ......................

**ARTICOLO** ................................................... **QQUANTIT** ..................

**PREZZO** ................. **DEPOSITO PAGATO** ................. **SALDO PAGATO** ...............

**MODELLO UTILIZZATO** ...........................................................

**MATERIALI DI CONSUMO NECESSARI** ...........................................

## SCHEDA / FOTO

## NOTE SUPPLEMENTARI

..................................................................................
..................................................................................
..................................................................................
..................................................................................
..................................................................................
..................................................................................
..................................................................................
..................................................................................

# Libro di bordo
# del progetto di cucito

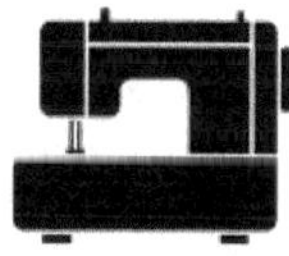

# Libro di bordo
# del progetto di cucito 

## DETTAGLI

PROGETTO .................................................................

CRCREATO PER .........................................................

DATA INIZIO ...................... DATA COMPLETATA ......................

ARTICOLO ............................ QQUANTIT ....................

PREZZO ................ DEPOSITO PAGATO ................ SALDO PAGATO ................

MODELLO UTILIZZATO ................................................

MATERIALI
DI CONSUMO NECESSARI ..............................................

## SCHEDA / FOTO

## NOTE SUPPLEMENTARI

.................................................................
.................................................................
.................................................................
.................................................................
.................................................................
.................................................................
.................................................................

Traccia di taglio per registrare i progetti di cucito
- regalo perfetto per gli appassionati di cucito

## DETTAGLI

**PROGETTO** .........................................................................

**CRCREATO PER** ..................................................................

**DATA INIZIO** ....................... **DATA COMPLETATA** ...................

**ARTICOLO** ................................. **QQUANTIT** ...................

**PREZZO** ................ **DEPOSITO PAGATO** ................ **SALDO PAGATO** ................

**MODELLO UTILIZZATO** ..........................................................

**MATERIALI DI CONSUMO NECESSARI** .............................................

## SCHEDA / FOTO

## NOTE SUPPLEMENTARI

..........................................................................
..........................................................................
..........................................................................
..........................................................................
..........................................................................
..........................................................................
..........................................................................
..........................................................................

# Libro di bordo
# del progetto di cucito

# Libro di bordo del progetto di cucito

PROGETTO ............................................................................................................

CRCREATO PER ...................................................................................................

DATA INIZIO ........................................ DATA COMPLETATA ...............................

ARTICOLO ........................................................ QQUANTIT ...................................

PREZZO ........................... DEPOSITO PAGATO ..................... SALDO PAGATO ...................

MODELLO UTILIZZATO .........................................................................................

MATERIALI DI CONSUMO NECESSARI ....................................................................





........................................................................................................................
........................................................................................................................
........................................................................................................................
........................................................................................................................
........................................................................................................................
........................................................................................................................
........................................................................................................................

Traccia di taglio per registrare i progetti di cucito
- regalo perfetto per gli appassionati di cucito

Traccia di taglio per registrare i progetti di cucito
- regalo perfetto per gli appassionati di cucito

## DETTAGLI

**PROGETTO** .................................................................

**CRCREATO PER** ..........................................................

**DATA INIZIO** ........................ **DATA COMPLETATA** ................

**ARTICOLO** ................................ **QQUANTIT** ................

**PREZZO** ................ **DEPOSITO PAGATO** ................ **SALDO PAGATO** ................

**MODELLO UTILIZZATO** ..................................................

**MATERIALI DI CONSUMO NECESSARI** ....................................

## SCHEDA / FOTO

## NOTE SUPPLEMENTARI

..............................................................................
..............................................................................
..............................................................................
..............................................................................
..............................................................................
..............................................................................
..............................................................................

# Libro di bordo
# del progetto di cucito

# Libro di bordo del progetto di cucito

## DETTAGLI

PROGETTO ....................................................................................................

CRCREATO PER ....................................................................................................

DATA INIZIO ........................................ DATA COMPLETATA ........................................

ARTICOLO ........................................ QQUANTIT ........................................

PREZZO ........................ DEPOSITO PAGATO ........................ SALDO PAGATO ........................

MODELLO UTILIZZATO ....................................................................................

MATERIALI DI CONSUMO NECESSARI ....................................................................

## SCHEDA / FOTO

## NOTE SUPPLEMENTARI

........................................................................................................

........................................................................................................

........................................................................................................

........................................................................................................

........................................................................................................

........................................................................................................

........................................................................................................

Traccia di taglio per registrare i progetti di cucito
- regalo perfetto per gli appassionati di cucito

## DETTAGLI

**PROGETTO** ......................................................................

**CRCREATO PER** ...............................................................

**DATA INIZIO** ................................... **DATA COMPLETATA** ...................

**ARTICOLO** ............................................... **QQUANTIT** ...................

**PREZZO** ................... **DEPOSITO PAGATO** ................... **SALDO PAGATO** ...................

**MODELLO UTILIZZATO** ..........................................................

**MATERIALI DI CONSUMO NECESSARI** .......................................

## SCHEDA / FOTO

## NOTE SUPPLEMENTARI

......................................................................
......................................................................
......................................................................
......................................................................
......................................................................
......................................................................
......................................................................
......................................................................

# Libro di bordo
# del progetto di cucito

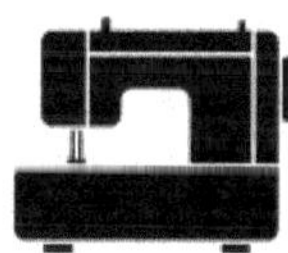

# Libro di bordo del progetto di cucito

## DETTAGLI

**PROGETTO** ....................................................................

**CRCREATO PER** ..............................................................

**DATA INIZIO** ...................... **DATA COMPLETATA** ......................

**ARTICOLO** ........................................ **QQUANTIT** ..............

**PREZZO** ................ **DEPOSITO PAGATO** ................ **SALDO PAGATO** ................

**MODELLO UTILIZZATO** .....................................................

**MATERIALI DI CONSUMO NECESSARI** ....................................

## SCHEDA / FOTO

## NOTE SUPPLEMENTARI

....................................................................
....................................................................
....................................................................
....................................................................
....................................................................
....................................................................
....................................................................

Traccia di taglio per registrare i progetti di cucito
- regalo perfetto per gli appassionati di cucito

## DETTAGLI

**PROGETTO** .................................................................

**CRCREATO PER** ............................................................

**DATA INIZIO** ..................... **DATA COMPLETATA** ...................

**ARTICOLO** .................................... **QQUANTIT** ...............

**PREZZO** ............ **DEPOSITO PAGATO** ............ **SALDO PAGATO** ............

**MODELLO UTILIZZATO** ......................................................

**MATERIALI DI CONSUMO NECESSARI** ..........................................

## SCHEDA / FOTO

## NOTE SUPPLEMENTARI

.................................................................
.................................................................
.................................................................
.................................................................
.................................................................
.................................................................
.................................................................
.................................................................

# Libro di bordo
# del progetto di cucito 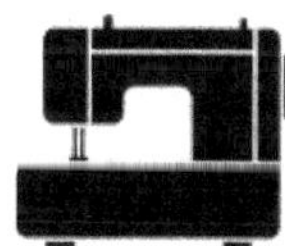

# Libro di bordo
# del progetto di cucito

## DETTAGLI

PROGETTO .......................................................................

CRCREATO PER ...............................................................

DATA INIZIO ........................... DATA COMPLETATA ...........................

ARTICOLO ................................. QQUANTIT ...................

PREZZO ..................... DEPOSITO PAGATO ................. SALDO PAGATO .................

MODELLO UTILIZZATO ...................................................

MATERIALI
DI CONSUMO NECESSARI ..............................................

## SCHEDA / FOTO

## NOTE SUPPLEMENTARI

.........................................................................................
.........................................................................................
.........................................................................................
.........................................................................................
.........................................................................................
.........................................................................................
.........................................................................................

Traccia di taglio per registrare i progetti di cucito
- regalo perfetto per gli appassionati di cucito

Traccia di taglio per registrare i progetti di cucito
- regalo perfetto per gli appassionati di cucito

## DETTAGLI

**PROGETTO** ....................................................................

**CRCREATO PER** ............................................................

**DATA INIZIO** ..................................... **DATA COMPLETATA** .....................

**ARTICOLO** ..................................... **QQUANTIT** .....................

**PREZZO** ..................... **DEPOSITO PAGATO** ..................... **SALDO PAGATO** .....................

**MODELLO UTILIZZATO** ..................................................

**MATERIALI DI CONSUMO NECESSARI** ..................................................

## SCHEDA / FOTO

## NOTE SUPPLEMENTARI

....................................................................
....................................................................
....................................................................
....................................................................
....................................................................
....................................................................
....................................................................
....................................................................

# Libro di bordo
# del progetto di cucito

# Libro di bordo del progetto di cucito

## DETTAGLI

PROGETTO ...........................................................................................

CRCREATO PER ...................................................................................

DATA INIZIO ...................................... DATA COMPLETATA ..............................

ARTICOLO ....................................... QQUANTIT ..........................

PREZZO ........................... DEPOSITO PAGATO ................... SALDO PAGATO .................

MODELLO UTILIZZATO ..........................................................................

MATERIALI DI CONSUMO NECESSARI ..................................................................

## SCHEDA / FOTO

## NOTE SUPPLEMENTARI

..............................................................................................

..............................................................................................

..............................................................................................

..............................................................................................

..............................................................................................

..............................................................................................

..............................................................................................

Traccia di taglio per registrare i progetti di cucito
- regalo perfetto per gli appassionati di cucito

## DETTAGLI

**PROGETTO** ....................................................................

**CRCREATO PER** ..............................................................

**DATA INIZIO** ....................................  **DATA COMPLETATA** ....................

**ARTICOLO** ..........................................  **QQUANTIT** ....................

**PREZZO** ....................  **DEPOSITO PAGATO** ....................  **SALDO PAGATO** ....................

**MODELLO UTILIZZATO** ....................................................

**MATERIALI DI CONSUMO NECESSARI** ....................................

## SCHEDA / FOTO

## NOTE SUPPLEMENTARI

....................................................................
....................................................................
....................................................................
....................................................................
....................................................................
....................................................................
....................................................................
....................................................................

# Libro di bordo
# del progetto di cucito

# Libro di bordo del progetto di cucito

## DETTAGLI

PROGETTO ...................................................................

CRCREATO PER ...............................................................

DATA INIZIO ......................... DATA COMPLETATA .....................

ARTICOLO ............................... QQUANTIT ..........................

PREZZO ................ DEPOSITO PAGATO ............... SALDO PAGATO ...............

MODELLO UTILIZZATO .........................................................

MATERIALI DI CONSUMO NECESSARI .............................................

## SCHEDA / FOTO

## NOTE SUPPLEMENTARI

...........................................................................
...........................................................................
...........................................................................
...........................................................................
...........................................................................
...........................................................................
...........................................................................

Traccia di taglio per registrare i progetti di cucito
- regalo perfetto per gli appassionati di cucito

Traccia di taglio per registrare i progetti di cucito
- regalo perfetto per gli appassionati di cucito

## DETTAGLI

PROGETTO ..........................................................................

CRCREATO PER ..................................................................

DATA INIZIO ........................... DATA COMPLETATA ...................

ARTICOLO ............................................ QQUANTIT ...............

PREZZO ................... DEPOSITO PAGATO ............... SALDO PAGATO ...............

MODELLO UTILIZZATO ..........................................................

MATERIALI
DI CONSUMO NECESSARI ......................................................

## SCHEDA / FOTO

## NOTE SUPPLEMENTARI

..........................................................................
..........................................................................
..........................................................................
..........................................................................
..........................................................................
..........................................................................
..........................................................................
..........................................................................

# Libro di bordo
# del progetto di cucito
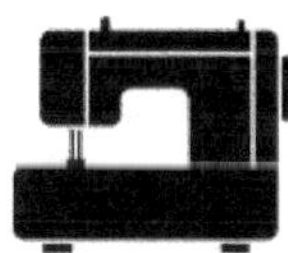

# Libro di bordo del progetto di cucito

## DETTAGLI

PROGETTO ..................................................................

CRCREATO PER ..................................................................

DATA INIZIO .......................... DATA COMPLETATA ..........................

ARTICOLO .......................... QQUANTIT ..........................

PREZZO .......................... DEPOSITO PAGATO .......................... SALDO PAGATO ..........................

MODELLO UTILIZZATO ..................................................................

MATERIALI DI CONSUMO NECESSARI ..................................................................

## SCHEDA / FOTO

## NOTE SUPPLEMENTARI

Traccia di taglio per registrare i progetti di cucito
- regalo perfetto per gli appassionati di cucito

## DETTAGLI

**PROGETTO** .............................................................................

**CRCREATO PER** ...................................................................

**DATA INIZIO** ..................................... **DATA COMPLETATA** .........................

**ARTICOLO** ................................................ **QQUANTIT** ....................

**PREZZO** ..................... **DEPOSITO PAGATO** ..................... **SALDO PAGATO** ....................

**MODELLO UTILIZZATO** ....................................................

**MATERIALI DI CONSUMO NECESSARI** ...........................................

## SCHEDA / FOTO

## NOTE SUPPLEMENTARI

.............................................................................
.............................................................................
.............................................................................
.............................................................................
.............................................................................
.............................................................................
.............................................................................
.............................................................................

# Libro di bordo
# del progetto di cucito 

# Libro di bordo del progetto di cucito

## DETTAGLI

**PROGETTO** ....................................................................

**CRCREATO PER** ....................................................................

**DATA INIZIO** .......................... **DATA COMPLETATA** ..........................

**ARTICOLO** .......................... **QQUANTIT** ..........................

**PREZZO** .................. **DEPOSITO PAGATO** .................. **SALDO PAGATO** ..................

**MODELLO UTILIZZATO** ..........................................

**MATERIALI DI CONSUMO NECESSARI** ..........................................

## SCHEDA / FOTO

## NOTE SUPPLEMENTARI

....................................................................
....................................................................
....................................................................
....................................................................
....................................................................
....................................................................
....................................................................
....................................................................

Traccia di taglio per registrare i progetti di cucito
- regalo perfetto per gli appassionati di cucito

## DETTAGLI

PROGETTO ...........................................................................

CRCREATO PER ...........................................................................

DATA INIZIO ............................ DATA COMPLETATA ........................

ARTICOLO ........................................ QQUANTIT ..................

PREZZO ..................... DEPOSITO PAGATO ................ SALDO PAGATO ..............

MODELLO UTILIZZATO ..........................................................

MATERIALI
DI CONSUMO NECESSARI ....................................................

## SCHEDA / FOTO

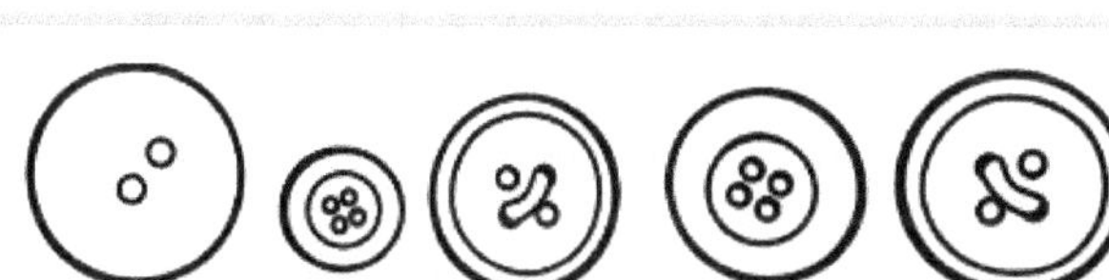

## NOTE SUPPLEMENTARI

.............................................................................................
.............................................................................................
.............................................................................................
.............................................................................................
.............................................................................................
.............................................................................................
.............................................................................................
.............................................................................................

# Libro di bordo
# del progetto di cucito 

# Libro di bordo del progetto di cucito

## DETTAGLI

PROGETTO .....................................................................................................

CRCREATO PER .............................................................................................

DATA INIZIO ........................................ DATA COMPLETATA ........................

ARTICOLO ............................................................ QQUANTIT ......................

PREZZO ....................... DEPOSITO PAGATO ................. SALDO PAGATO .................

MODELLO UTILIZZATO ...................................................................................

MATERIALI DI CONSUMO NECESSARI ................................................................

## SCHEDA / FOTO

## NOTE SUPPLEMENTARI

.................................................................................................................
.................................................................................................................
.................................................................................................................
.................................................................................................................
.................................................................................................................
.................................................................................................................
.................................................................................................................

Traccia di taglio per registrare i progetti di cucito
- regalo perfetto per gli appassionati di cucito

## DETTAGLI

**PROGETTO** ......................................................................................

**CRCREATO PER** ...............................................................................

**DATA INIZIO** ........................... **DATA COMPLETATA** ........................

**ARTICOLO** ................................................... **QQUANTIT** ................

**PREZZO** ....................... **DEPOSITO PAGATO** ................... **SALDO PAGATO** ................

**MODELLO UTILIZZATO** ...................................................................

**MATERIALI DI CONSUMO NECESSARI** ...........................................

## SCHEDA / FOTO

## NOTE SUPPLEMENTARI

......................................................................................
......................................................................................
......................................................................................
......................................................................................
......................................................................................
......................................................................................
......................................................................................
......................................................................................

# Libro di bordo
# del progetto di cucito

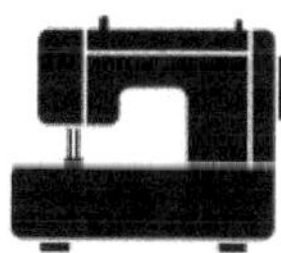

# Libro di bordo del progetto di cucito

## DETTAGLI

PROGETTO ............................................................................................................

CRCREATO PER ......................................................................................................

DATA INIZIO ....................................... DATA COMPLETATA ......................................

ARTICOLO .......................................................... QQUANTIT ..................................

PREZZO ........................... DEPOSITO PAGATO ..................... SALDO PAGATO .....................

MODELLO UTILIZZATO ..........................................................................................

MATERIALI DI CONSUMO NECESSARI .............................................................................

## SCHEDA / FOTO

## NOTE SUPPLEMENTARI

..................................................................................................................
..................................................................................................................
..................................................................................................................
..................................................................................................................
..................................................................................................................
..................................................................................................................
..................................................................................................................

Traccia di taglio per registrare i progetti di cucito
- regalo perfetto per gli appassionati di cucito

## DETTAGLI

**PROGETTO** ...........................................................................................

**CRCREATO PER** ...................................................................................

**DATA INIZIO** ...........................  **DATA COMPLETATA** ........................

**ARTICOLO** .................................................  **QQUANTIT** ...................

**PREZZO** ....................  **DEPOSITO PAGATO** .................  **SALDO PAGATO** ..................

**MODELLO UTILIZZATO** ........................................................................

**MATERIALI DI CONSUMO NECESSARI** .................................................

## SCHEDA / FOTO

## NOTE SUPPLEMENTARI

..............................................................................................................
..............................................................................................................
..............................................................................................................
..............................................................................................................
..............................................................................................................
..............................................................................................................
..............................................................................................................
..............................................................................................................

# Libro di bordo
# del progetto di cucito 

# Libro di bordo del progetto di cucito

## DETTAGLI

**PROGETTO** .....................................................................

**CRCREATO PER** .............................................................

**DATA INIZIO** ..................... **DATA COMPLETATA** .....................

**ARTICOLO** ..................... **QQUANTIT** .....................

**PREZZO** ..................... **DEPOSITO PAGATO** ..................... **SALDO PAGATO** .....................

**MODELLO UTILIZZATO** .....................................................

**MATERIALI DI CONSUMO NECESSARI** .....................................

## SCHEDA / FOTO

## NOTE SUPPLEMENTARI

.....................................................................
.....................................................................
.....................................................................
.....................................................................
.....................................................................
.....................................................................
.....................................................................

Traccia di taglio per registrare i progetti di cucito
- regalo perfetto per gli appassionati di cucito

## DETTAGLI

PROGETTO ..................................................................................

CRCREATO PER ..........................................................................

DATA INIZIO ..............................  DATA COMPLETATA ..........................

ARTICOLO ..................................................  QQUANTIT ..................

PREZZO ......................  DEPOSITO PAGATO ..................  SALDO PAGATO ......................

MODELLO UTILIZZATO ..................................................................

MATERIALI
DI CONSUMO NECESSARI ..............................................................

## SCHEDA / FOTO

## NOTE SUPPLEMENTARI

..............................................................................................
..............................................................................................
..............................................................................................
..............................................................................................
..............................................................................................
..............................................................................................
..............................................................................................
..............................................................................................

# Libro di bordo
# del progetto di cucito

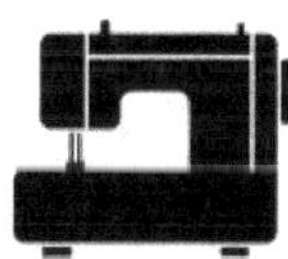

# Libro di bordo del progetto di cucito

## DETTAGLI

PROGETTO .................................................................................

CRCREATO PER .........................................................................

DATA INIZIO ........................... DATA COMPLETATA ...........................

ARTICOLO ................................... QQUANTIT ...........................

PREZZO ................ DEPOSITO PAGATO ................ SALDO PAGATO ................

MODELLO UTILIZZATO ...............................................................

MATERIALI DI CONSUMO NECESSARI ...............................................

## SCHEDA / FOTO

## NOTE SUPPLEMENTARI

.................................................................................
.................................................................................
.................................................................................
.................................................................................
.................................................................................
.................................................................................
.................................................................................

Traccia di taglio per registrare i progetti di cucito
- regalo perfetto per gli appassionati di cucito

# Traccia di taglio per registrare i progetti di cucito
## - regalo perfetto per gli appassionati di cucito

## DETTAGLI

PROGETTO .............................................................

CRCREATO PER .............................................................

DATA INIZIO ........................ DATA COMPLETATA ......................

ARTICOLO ........................ QQUANTIT ......................

PREZZO ...................... DEPOSITO PAGATO ............... SALDO PAGATO ...............

MODELLO UTILIZZATO ............................................

MATERIALI
DI CONSUMO NECESSARI ..............................................

## SCHEDA / FOTO

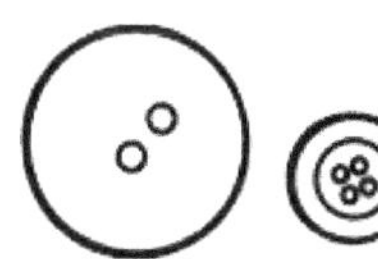

## NOTE SUPPLEMENTARI

.............................................................
.............................................................
.............................................................
.............................................................
.............................................................
.............................................................
.............................................................
.............................................................

# Libro di bordo
# del progetto di cucito

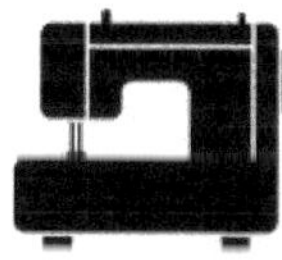

# Libro di bordo del progetto di cucito 

## DETTAGLI

PROGETTO ..........................................................................................

CRCREATO PER ..................................................................................

DATA INIZIO ............................... DATA COMPLETATA ...............................

ARTICOLO ................................................. QQUANTIT ...........................

PREZZO .......................... DEPOSITO PAGATO ...................... SALDO PAGATO ....................

MODELLO UTILIZZATO ......................................................................

MATERIALI
DI CONSUMO NECESSARI ................................................................

## SCHEDA / FOTO

## NOTE SUPPLEMENTARI

..........................................................................................

..........................................................................................

..........................................................................................

..........................................................................................

..........................................................................................

..........................................................................................

..........................................................................................

Traccia di taglio per registrare i progetti di cucito
- regalo perfetto per gli appassionati di cucito

# Traccia di taglio per registrare i progetti di cucito
## - regalo perfetto per gli appassionati di cucito

## DETTAGLI

**PROGETTO** ....................................................................................................

**CRCREATO PER** ........................................................................................

**DATA INIZIO** ................................ **DATA COMPLETATA** ....................................

**ARTICOLO** .................................................... **QQUANTIT** ..........................

**PREZZO** ........................ **DEPOSITO PAGATO** ........................ **SALDO PAGATO** ..................

**MODELLO UTILIZZATO** ................................................................................

**MATERIALI DI CONSUMO NECESSARI** ............................................................

## SCHEDA / FOTO

## NOTE SUPPLEMENTARI

....................................................................................................
....................................................................................................
....................................................................................................
....................................................................................................
....................................................................................................
....................................................................................................
....................................................................................................
....................................................................................................

# Libro di bordo
# del progetto di cucito

# Libro di bordo del progetto di cucito

**PROGETTO** ...........................................................................

**CRCREATO PER** .................................................................

**DATA INIZIO** .......................... **DATA COMPLETATA** ..................

**ARTICOLO** ................................ **QQUANTIT** ..................

**PREZZO** ................ **DEPOSITO PAGATO** ................ **SALDO PAGATO** ................

**MODELLO UTILIZZATO** .............................................

**MATERIALI DI CONSUMO NECESSARI** ....................................





.......................................................................................
.......................................................................................
.......................................................................................
.......................................................................................
.......................................................................................
.......................................................................................
.......................................................................................
.......................................................................................

Traccia di taglio per registrare i progetti di cucito
- regalo perfetto per gli appassionati di cucito

## DETTAGLI

**PROGETTO** ......................................................................................

**CRCREATO PER** ..............................................................................

**DATA INIZIO** .............................. **DATA COMPLETATA** ....................

**ARTICOLO** ..................................... **QQUANTIT** ..........................

**PREZZO** ..................... **DEPOSITO PAGATO** ................ **SALDO PAGATO** ................

**MODELLO UTILIZZATO** .....................................................................

**MATERIALI DI CONSUMO NECESSARI** .................................................

## SCHEDA / FOTO

## NOTE SUPPLEMENTARI

......................................................................................
......................................................................................
......................................................................................
......................................................................................
......................................................................................
......................................................................................
......................................................................................
......................................................................................

# Libro di bordo
# del progetto di cucito

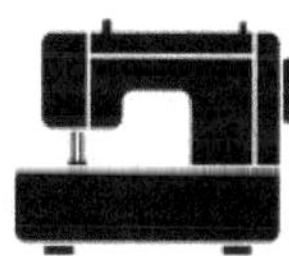

# Libro di bordo del progetto di cucito 

## DETTAGLI

**PROGETTO** ......................................................................

**CRCREATO PER** ...................................................................

**DATA INIZIO** ....................... **DATA COMPLETATA** .......................

**ARTICOLO** ........................... **QQUANTIT** .............................

**PREZZO** ............. **DEPOSITO PAGATO** ............. **SALDO PAGATO** .............

**MODELLO UTILIZZATO** ..............................................................

**MATERIALI DI CONSUMO NECESSARI** ..................................................

## SCHEDA / FOTO

## NOTE SUPPLEMENTARI

......................................................................................
......................................................................................
......................................................................................
......................................................................................
......................................................................................
......................................................................................
......................................................................................
......................................................................................

Traccia di taglio per registrare i progetti di cucito
- regalo perfetto per gli appassionati di cucito

## DETTAGLI

PROGETTO .................................................................

CRCREATO PER .................................................................

DATA INIZIO .............................. DATA COMPLETATA ..........................

ARTICOLO .............................. QQUANTIT ...................

PREZZO ....................... DEPOSITO PAGATO ................ SALDO PAGATO ...............

MODELLO UTILIZZATO .................................................

MATERIALI
DI CONSUMO NECESSARI .................................................

## SCHEDA / FOTO

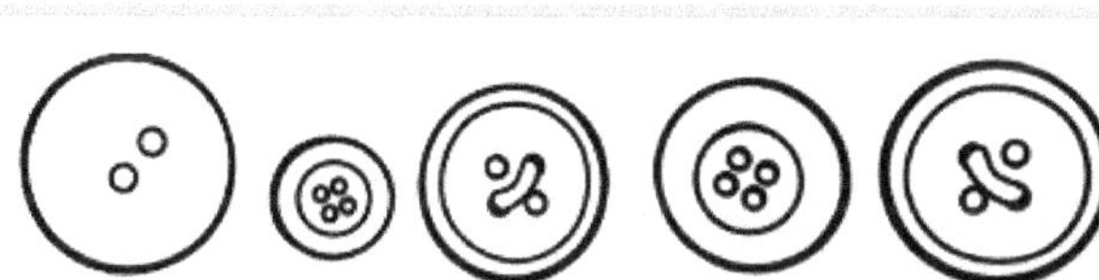

## NOTE SUPPLEMENTARI

.................................................................
.................................................................
.................................................................
.................................................................
.................................................................
.................................................................
.................................................................
.................................................................

# Libro di bordo
# del progetto di cucito

# Libro di bordo
# del progetto di cucito

## DETTAGLI

PROGETTO ............................................................................

CRCREATO PER ......................................................................

DATA INIZIO .......................... DATA COMPLETATA ..........................

ARTICOLO ....................................... QQUANTIT .......................

PREZZO .................... DEPOSITO PAGATO ................ SALDO PAGATO ................

MODELLO UTILIZZATO ................................................................

MATERIALI
DI CONSUMO NECESSARI ..............................................................

## SCHEDA / FOTO

## NOTE SUPPLEMENTARI

.....................................................................................
.....................................................................................
.....................................................................................
.....................................................................................
.....................................................................................
.....................................................................................
.....................................................................................

Traccia di taglio per registrare i progetti di cucito
- regalo perfetto per gli appassionati di cucito

Traccia di taglio per registrare i progetti di cucito
- regalo perfetto per gli appassionati di cucito

## DETTAGLI

**PROGETTO** ................................................................

**CRCREATO PER** ................................................................

**DATA INIZIO** ........................... **DATA COMPLETATA** ...........................

**ARTICOLO** ................................... **QQUANTIT** ...................

**PREZZO** ........................... **DEPOSITO PAGATO** ........................... **SALDO PAGATO** ...........................

**MODELLO UTILIZZATO** ...........................................

**MATERIALI DI CONSUMO NECESSARI** ...........................................

## SCHEDA / FOTO

## NOTE SUPPLEMENTARI

................................................................
................................................................
................................................................
................................................................
................................................................
................................................................
................................................................
................................................................

# Libro di bordo
# del progetto di cucito

# Libro di bordo del progetto di cucito

## DETTAGLI

PROGETTO .................................................................

CRCREATO PER .........................................................

DATA INIZIO .......................... DATA COMPLETATA ..........................

ARTICOLO ....................................... QQUANTIT ..........................

PREZZO ..................... DEPOSITO PAGATO ................. SALDO PAGATO ...............

MODELLO UTILIZZATO .................................................

MATERIALI
DI CONSUMO NECESSARI ............................................

## SCHEDA / FOTO

## NOTE SUPPLEMENTARI

Traccia di taglio per registrare i progetti di cucito
- regalo perfetto per gli appassionati di cucito

## DETTAGLI

PROGETTO ...............................................................................

CRCREATO PER ...........................................................................

DATA INIZIO ............................... DATA COMPLETATA ........................

ARTICOLO ........................................................ QQUANTIT ...............

PREZZO ...................... DEPOSITO PAGATO ...................... SALDO PAGATO ...............

MODELLO UTILIZZATO ...................................................................

MATERIALI DI CONSUMO NECESSARI ......................................................

## SCHEDA / FOTO

## NOTE SUPPLEMENTARI

..............................................................................
..............................................................................
..............................................................................
..............................................................................
..............................................................................
..............................................................................
..............................................................................
..............................................................................

# Libro di bordo
# del progetto di cucito

# Libro di bordo del progetto di cucito

## DETTAGLI

PROGETTO ......................................................

CRCREATO PER ......................................................

DATA INIZIO ........................... DATA COMPLETATA ...........................

ARTICOLO ........................... QQUANTIT ...........................

PREZZO ........... DEPOSITO PAGATO ........... SALDO PAGATO ...........

MODELLO UTILIZZATO ...........................

MATERIALI DI CONSUMO NECESSARI ...........................

## SCHEDA / FOTO

## NOTE SUPPLEMENTARI

..............................................................
..............................................................
..............................................................
..............................................................
..............................................................
..............................................................
..............................................................

Traccia di taglio per registrare i progetti di cucito
- regalo perfetto per gli appassionati di cucito

Traccia di taglio per registrare i progetti di cucito
- regalo perfetto per gli appassionati di cucito

## DETTAGLI

**PROGETTO** ..............................................................................

**CRCREATO PER** .......................................................................

**DATA INIZIO** ........................... **DATA COMPLETATA** ...................

**ARTICOLO** ........................................ **QQUANTIT** ....................

**PREZZO** ....................... **DEPOSITO PAGATO** ................. **SALDO PAGATO** ...............

**MODELLO UTILIZZATO** ...........................................................

**MATERIALI DI CONSUMO NECESSARI** ......................................

## SCHEDA / FOTO

## NOTE SUPPLEMENTARI

..................................................................................................
..................................................................................................
..................................................................................................
..................................................................................................
..................................................................................................
..................................................................................................
..................................................................................................

# Libro di bordo
# del progetto di cucito

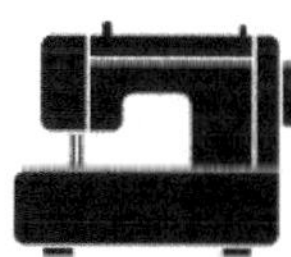

# Libro di bordo del progetto di cucito

## DETTAGLI

PROGETTO .....................................................................

CRCREATO PER .............................................................

DATA INIZIO ........................... DATA COMPLETATA ...........................

ARTICOLO ................................ QQUANTIT ....................

PREZZO .................... DEPOSITO PAGATO ................ SALDO PAGATO .................

MODELLO UTILIZZATO ....................................................

MATERIALI DI CONSUMO NECESSARI ....................................................

## SCHEDA / FOTO

## NOTE SUPPLEMENTARI

...................................................................................
...................................................................................
...................................................................................
...................................................................................
...................................................................................
...................................................................................
...................................................................................

Traccia di taglio per registrare i progetti di cucito
- regalo perfetto per gli appassionati di cucito

## DETTAGLI

**PROGETTO** ....................................................................

**CRCREATO PER** ..............................................................

**DATA INIZIO** ..................... **DATA COMPLETATA** ...............

**ARTICOLO** ........................................ **QQUANTIT** ..........

**PREZZO** ................ **DEPOSITO PAGATO** ............ **SALDO PAGATO** ............

**MODELLO UTILIZZATO** ..................................................

**MATERIALI DI CONSUMO NECESSARI** ................................

## SCHEDA / FOTO

## NOTE SUPPLEMENTARI

............................................................................
............................................................................
............................................................................
............................................................................
............................................................................
............................................................................
............................................................................
............................................................................

# Libro di bordo
# del progetto di cucito

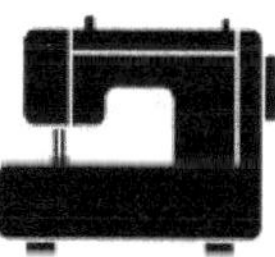

# Libro di bordo
# del progetto di cucito

## DETTAGLI

PROGETTO ......................................................................................

CRCREATO PER ................................................................................

DATA INIZIO .......................... DATA COMPLETATA ..........................

ARTICOLO .............................................. QQUANTIT ..........................

PREZZO ....................  DEPOSITO PAGATO ..............  SALDO PAGATO ..............

MODELLO UTILIZZATO ..................................................................

MATERIALI
DI CONSUMO NECESSARI .............................................................

## SCHEDA / FOTO

## NOTE SUPPLEMENTARI

........................................................................................................
........................................................................................................
........................................................................................................
........................................................................................................
........................................................................................................
........................................................................................................
........................................................................................................

Traccia di taglio per registrare i progetti di cucito
- regalo perfetto per gli appassionati di cucito

## DETTAGLI

PROGETTO .................................................................

CRCREATO PER .................................................................

DATA INIZIO ........................... DATA COMPLETATA ...........................

ARTICOLO ........................... QQUANTIT ...........................

PREZZO ........................... DEPOSITO PAGATO ........................... SALDO PAGATO ...........................

MODELLO UTILIZZATO .................................................................

MATERIALI DI CONSUMO NECESSARI .................................................................

## SCHEDA / FOTO

## NOTE SUPPLEMENTARI

......................................................................
......................................................................
......................................................................
......................................................................
......................................................................
......................................................................
......................................................................
......................................................................

# Libro di bordo
# del progetto di cucito 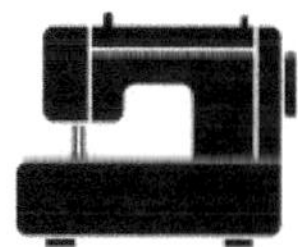

# Libro di bordo del progetto di cucito

## DETTAGLI

PROGETTO .......................................................................................

CRCREATO PER ..............................................................................

DATA INIZIO .................................... DATA COMPLETATA ....................................

ARTICOLO ........................................................ QQUANTIT ....................

PREZZO ........................ DEPOSITO PAGATO ...................... SALDO PAGATO ......................

MODELLO UTILIZZATO ...............................................................

MATERIALI DI CONSUMO NECESSARI ...............................................................

## SCHEDA / FOTO

## NOTE SUPPLEMENTARI

...........................................................................................
...........................................................................................
...........................................................................................
...........................................................................................
...........................................................................................
...........................................................................................

Traccia di taglio per registrare i progetti di cucito
- regalo perfetto per gli appassionati di cucito

## DETTAGLI

PROGETTO ..........................................................

CRCREATO PER ..........................................................

DATA INIZIO ...................... DATA COMPLETATA ......................

ARTICOLO ...................................... QQUANTIT ..................

PREZZO ................ DEPOSITO PAGATO ................ SALDO PAGATO ................

MODELLO UTILIZZATO ..................................

MATERIALI
DI CONSUMO NECESSARI ..........................................

## SCHEDA / FOTO

## NOTE SUPPLEMENTARI

..........................................................
..........................................................
..........................................................
..........................................................
..........................................................
..........................................................
..........................................................

# Libro di bordo
# del progetto di cucito

# Libro di bordo del progetto di cucito 

## DETTAGLI

PROGETTO ................................................................

CRCREATO PER ................................................................

DATA INIZIO ........................... DATA COMPLETATA ...........................

ARTICOLO ................................... QQUANTIT ...................

PREZZO ................... DEPOSITO PAGATO ............... SALDO PAGATO ...............

MODELLO UTILIZZATO ................................................

MATERIALI DI CONSUMO NECESSARI ................................................

## SCHEDA / FOTO

## NOTE SUPPLEMENTARI

................................................................
................................................................
................................................................
................................................................
................................................................
................................................................
................................................................

Traccia di taglio per registrare i progetti di cucito
- regalo perfetto per gli appassionati di cucito

## DETTAGLI

**PROGETTO** .................................................................................

**CRCREATO PER** .................................................................................

**DATA INIZIO** ..............................  **DATA COMPLETATA** .........................

**ARTICOLO** ............................................  **QQUANTIT** ...................

**PREZZO** ........................  **DEPOSITO PAGATO** .......................  **SALDO PAGATO** ...............

**MODELLO UTILIZZATO** ...........................................................

**MATERIALI DI CONSUMO NECESSARI** .............................................................

## SCHEDA / FOTO

## NOTE SUPPLEMENTARI

.................................................................................
.................................................................................
.................................................................................
.................................................................................
.................................................................................
.................................................................................
.................................................................................
.................................................................................

# Libro di bordo
# del progetto di cucito

# Libro di bordo del progetto di cucito

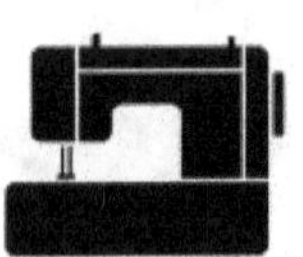

## DETTAGLI

PROGETTO .............................................................................

CRCREATO PER .....................................................................

DATA INIZIO ........................... DATA COMPLETATA ...........................

ARTICOLO ...................................... QQUANTIT ...................

PREZZO .......................... DEPOSITO PAGATO ................... SALDO PAGATO ...................

MODELLO UTILIZZATO .....................................................

MATERIALI DI CONSUMO NECESSARI ...........................................

## SCHEDA / FOTO

## NOTE SUPPLEMENTARI

....................................................................................
....................................................................................
....................................................................................
....................................................................................
....................................................................................
....................................................................................
....................................................................................

Traccia di taglio per registrare i progetti di cucito
- regalo perfetto per gli appassionati di cucito

Traccia di taglio per registrare i progetti di cucito
- regalo perfetto per gli appassionati di cucito

## DETTAGLI

PROGETTO ...........................................................................

CRCREATO PER ...................................................................

DATA INIZIO ................................ DATA COMPLETATA ...................

ARTICOLO ................................................ QQUANTIT ...............

PREZZO ....................... DEPOSITO PAGATO ................ SALDO PAGATO ..............

MODELLO UTILIZZATO ..........................................................

MATERIALI
DI CONSUMO NECESSARI ........................................................

## SCHEDA / FOTO

## NOTE SUPPLEMENTARI

...................................................................................
...................................................................................
...................................................................................
...................................................................................
...................................................................................
...................................................................................
...................................................................................
...................................................................................

# Libro di bordo
# del progetto di cucito

# Libro di bordo del progetto di cucito

## DETTAGLI

**PROGETTO** ...........................................................................

**CRCREATO PER** ...................................................................

**DATA INIZIO** ..................... **DATA COMPLETATA** .....................

**ARTICOLO** ............................................ **QQUANTIT** .............

**PREZZO** ................ **DEPOSITO PAGATO** ............ **SALDO PAGATO** ............

**MODELLO UTILIZZATO** .........................................................

**MATERIALI DI CONSUMO NECESSARI** ...........................................

## SCHEDA / FOTO

## NOTE SUPPLEMENTARI

...........................................................................
...........................................................................
...........................................................................
...........................................................................
...........................................................................
...........................................................................
...........................................................................

Traccia di taglio per registrare i progetti di cucito
- regalo perfetto per gli appassionati di cucito

Traccia di taglio per registrare i progetti di cucito
- regalo perfetto per gli appassionati di cucito

## DETTAGLI

PROGETTO ............................................................................

CRCREATO PER ....................................................................

DATA INIZIO ...................................... DATA COMPLETATA ..........................

ARTICOLO ........................................................ QQUANTIT ..................

PREZZO ....................... DEPOSITO PAGATO ..................... SALDO PAGATO ...............

MODELLO UTILIZZATO ..................................................

MATERIALI
DI CONSUMO NECESSARI ...........................................................

## SCHEDA / FOTO

## NOTE SUPPLEMENTARI

............................................................................
............................................................................
............................................................................
............................................................................
............................................................................
............................................................................
............................................................................
............................................................................

# Libro di bordo
# del progetto di cucito

# Libro di bordo del progetto di cucito

## DETTAGLI

PROGETTO ............................................................................

CRCREATO PER ......................................................................

DATA INIZIO ....................... DATA COMPLETATA .........................

ARTICOLO ........................................ QQUANTIT ...................

PREZZO .................... DEPOSITO PAGATO ................ SALDO PAGATO ................

MODELLO UTILIZZATO ............................................................

MATERIALI DI CONSUMO NECESSARI .............................................

## SCHEDA / FOTO

## NOTE SUPPLEMENTARI

..............................................................................
..............................................................................
..............................................................................
..............................................................................
..............................................................................
..............................................................................
..............................................................................
..............................................................................

Traccia di taglio per registrare i progetti di cucito
- regalo perfetto per gli appassionati di cucito

## DETTAGLI

**PROGETTO** ....................................................................

**CRCREATO PER** ....................................................................

**DATA INIZIO** ........................... **DATA COMPLETATA** ...................

**ARTICOLO** ........................................ **QQUANTIT** ...................

**PREZZO** ..................... **DEPOSITO PAGATO** ................... **SALDO PAGATO** ...................

**MODELLO UTILIZZATO** ....................................................

**MATERIALI DI CONSUMO NECESSARI** ....................................................

## SCHEDA / FOTO

## NOTE SUPPLEMENTARI

....................................................................
....................................................................
....................................................................
....................................................................
....................................................................
....................................................................
....................................................................
....................................................................

# Libro di bordo
# del progetto di cucito

# Libro di bordo del progetto di cucito

## DETTAGLI

**PROGETTO** ......................................................................................

**CRCREATO PER** ..............................................................................

**DATA INIZIO** .............................................  **DATA COMPLETATA** ....................

**ARTICOLO** .............................................  **QQUANTIT** ....................

**PREZZO** ....................  **DEPOSITO PAGATO** ....................  **SALDO PAGATO** ....................

**MODELLO UTILIZZATO** ....................................................................

**MATERIALI DI CONSUMO NECESSARI** ....................................................

## SCHEDA / FOTO

## NOTE SUPPLEMENTARI

..................................................................................................
..................................................................................................
..................................................................................................
..................................................................................................
..................................................................................................
..................................................................................................
..................................................................................................
..................................................................................................

Traccia di taglio per registrare i progetti di cucito
- regalo perfetto per gli appassionati di cucito

Traccia di taglio per registrare i progetti di cucito
- regalo perfetto per gli appassionati di cucito

## DETTAGLI

PROGETTO ..................................................................

CRCREATO PER ..................................................................

DATA INIZIO ........................... DATA COMPLETATA ...........................

ARTICOLO ........................................ QQUANTIT ...................

PREZZO ................... DEPOSITO PAGATO ................... SALDO PAGATO ...................

MODELLO UTILIZZATO ..................................................

MATERIALI
DI CONSUMO NECESSARI ..................................................

## SCHEDA / FOTO

## NOTE SUPPLEMENTARI

..................................................................
..................................................................
..................................................................
..................................................................
..................................................................
..................................................................
..................................................................
..................................................................

# Libro di bordo
# del progetto di cucito 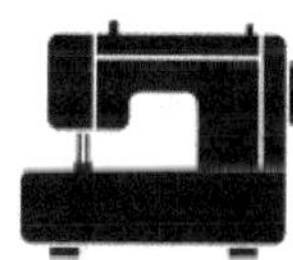

# Libro di bordo del progetto di cucito

## DETTAGLI

PROGETTO ....................................................................................................

CRCREATO PER ............................................................................................

DATA INIZIO ............................... DATA COMPLETATA ...............................

ARTICOLO .......................................... QQUANTIT ...............................

PREZZO ......................... DEPOSITO PAGATO ..................... SALDO PAGATO .....................

MODELLO UTILIZZATO ...............................................................................

MATERIALI DI CONSUMO NECESSARI ..........................................................

## SCHEDA / FOTO

## NOTE SUPPLEMENTARI

..............................................................................................
..............................................................................................
..............................................................................................
..............................................................................................
..............................................................................................
..............................................................................................
..............................................................................................
..............................................................................................

Traccia di taglio per registrare i progetti di cucito
- regalo perfetto per gli appassionati di cucito

Traccia di taglio per registrare i progetti di cucito
- regalo perfetto per gli appassionati di cucito

## DETTAGLI

**PROGETTO** .......................................................................................

**CRCREATO PER** ..............................................................................

**DATA INIZIO** .............................. **DATA COMPLETATA** ...........................

**ARTICOLO** ................................................ **QQUANTIT** ...................

**PREZZO** ....................... **DEPOSITO PAGATO** ...................... **SALDO PAGATO** .................

**MODELLO UTILIZZATO** .......................................................................

**MATERIALI DI CONSUMO NECESSARI** ...........................................................

## SCHEDA / FOTO

## NOTE SUPPLEMENTARI

.............................................................................................
.............................................................................................
.............................................................................................
.............................................................................................
.............................................................................................
.............................................................................................
.............................................................................................
.............................................................................................

# Libro di bordo
# del progetto di cucito